Shen Roddie

Lliwiau Hapus!

Happy Colours!

Lluniau gan

Ben Cort

Trosiad gan Roger Boore

DREF WEN

Pan dwi'n heulog, mae pobman yn felyn.

When I'm sunny, everywhere's yellow.

Pan dwi'n ddoniol,
mae pobman yn binc.

When I'm funny, everywhere's pink.

Pan dwi'n ddiflas,
mae pobman yn llwyd –

When I'm bored, everywhere's grey –

Ond toc dwi'n sbonclyd

But soon I'm bouncy

ac yn teimlo fel chwarae!

And feel like playing!

Pan dwi'n ddewr,
mae pobman yn oren.

When I'm brave, everywhere's orange.

Pan dwi'n
genfigennus,
mae pobman yn wyrdd.

When I'm jealous, everywhere's green.

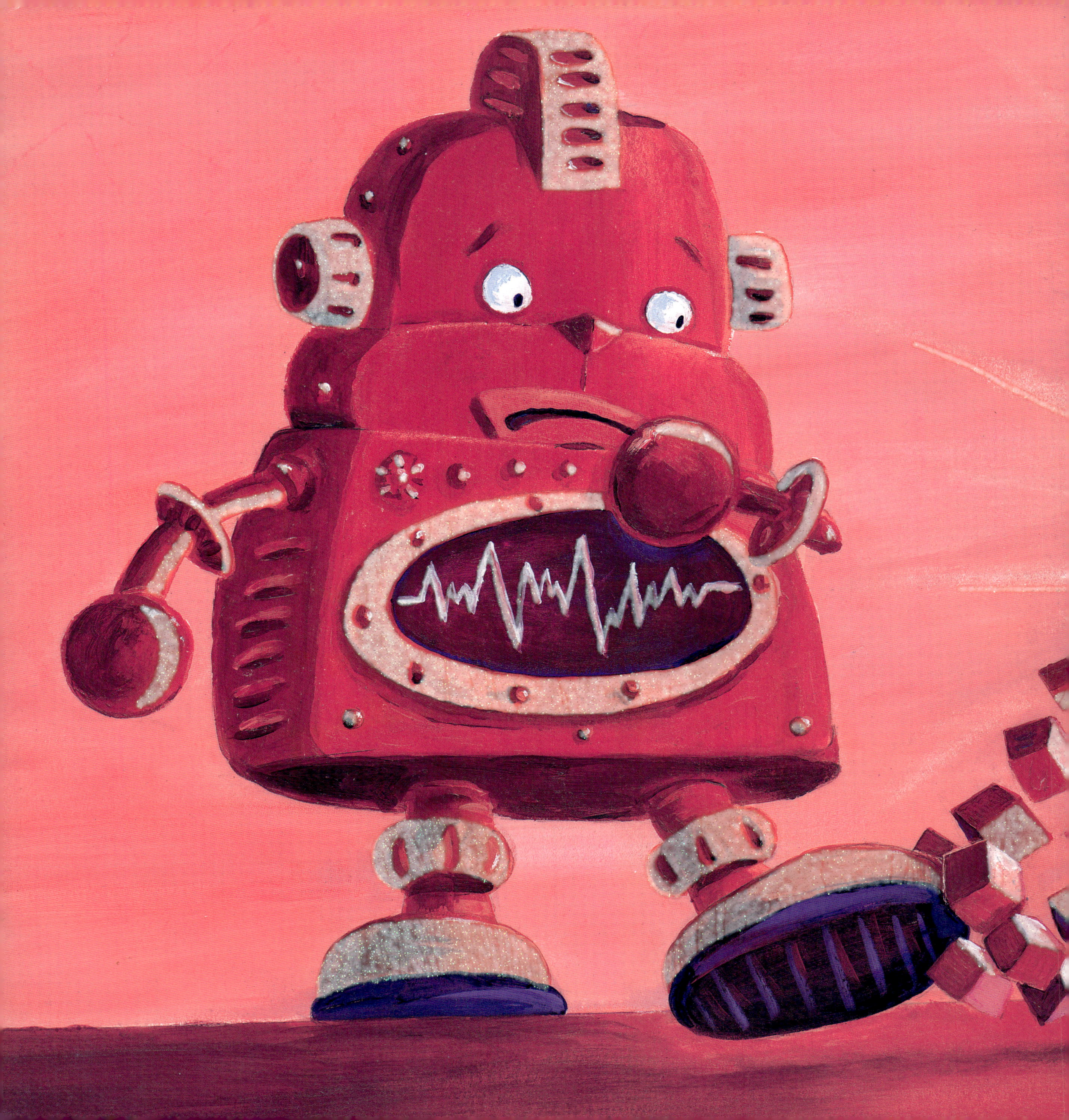

Pan dwi'n ddig,
mae pobman
yn goch –

When I'm angry, everywhere's red –

Ond dwi'n teimlo'n well
wedi cael cwtsh!

But I feel better after a cuddle!

Pan
dwi'n freuddwydiol,
mae pobman
yn borffor.

When I'm dreamy, everywhere's purple.

Pan dwi'n drist,
mae pobman yn las.

When I'm sad, everywhere's blue.

Ond pan dwi'n hapus,
mae pobman yn enfys –

But when I'm happy, everywhere's a rainbow –

enfys
brydferth
bob lliw!

A beautiful, colourful rainbow!

I Jack, gyda chariad – SR

I Johnny, gyda fy holl gariad – BC

Cyhoeddwyd 2007 gan Wasg y Dref Wen,
28 Heol yr Eglwys, Yr Eglwys Newydd,
Caerdydd CF14 2EA, ffôn 029 20617860.

Cyhoeddiad Saesneg gwreiddiol 2006 gan Macmillan Children's Books,
adran o Macmillan Publishers Cyf, dan y teitl *Colour Me Happy!*

Argraffwyd yn China.